Lb 48 2472

TRANSACTION.

TRANSACTION

ENTRE

LES GOUVERNEMENTS

ABSOLUS

ET

LES PARTISANS

DE LA REPRÉSENTATION NATIONALE.

PAR UN ANCIEN MAGISTRAT.

CARPENTRAS,

DEVILLARIO-QUENIN, IMPRIMEUR DU ROI.

1823.

TRANSACTION

ENTRE

LES GOUVERNEMENTS ABSOLUS

ET

LES PARTISANS DE LA REPRÉSENTATION NATIONALE.

CHAPITRE I.

Exposé de cette Transaction.

Ce n'est pas d'aujourd'hui que j'invente cette Transaction ; je l'avais conçue avant 1789 (*). On sait que le temps d'alors était gros de révolution, dont les causes ont été bien justement détestées par les uns, soutenues comme inévitables par les autres, dont plusieurs

---

(*) *De la Rédaction des Lois dans les Monarchies.* J'ignorais, lors de la publication de cet ouvrage, les plans de gouvernement que Fénélon avait jugé convenables pour la France, et que M. de Bausset nous a si bien fait connaître. N'ai-je pas dû m'applaudir d'avoir conçu des idées assez conformes à celles de ce grand Ecrivain, dont le cœur était si purement passionné pour le bonheur de sa patrie et de l'humanité ?

se sont érigés les apologistes. Laissons-en l'examen. Le fait est qu'alors tous les élémens révolutionnaires nous menaçaient. O souvenir trop douloureux ! La France, qui était en possession de répandre partout ses prétendues lumières , n'a que trop expié l'acharnement avec lequel tant de novateurs audacieux ont remporté , malgré l'immense majorité des Français raisonnables , mais trop passifs , la funeste gloire de mettre , par son exemple , presque tout le globe en combustion.

Je crus , à raison de la position des esprits , n'avoir plus à prendre leçon des troubles qui avaient accompagné les précédents États Généraux (*), et envisageant la généralité des Monarchies , y compris les plus absolues , devoir opiner pour une Représentation nationale , où très expressément j'insistais sur la nécessité de conserver au Trône sa souveraineté , n'attribuant aux Représentants du peuple , que le droit de consentir l'impôt et le droit de réclamation.

(*) Aussi Fénélon avait opiné, sous Louis XIV, qu'en certains cas rares, il fallait s'étayer des Etats Généraux , quoiqu'il redoutât les périls de la confusion qu'ils pouvaient occasionner.

Quoiqu'en puissent dire ceux qu'on appelle maintenant *libéraux*, et qui ne le sont guère, je fesais la part assez grande pour ces Représentants d'un peuple qui serait trop malheureux par la faute de son Roi, puisque le refus de l'impôt pouvait aller jusqu'à sapper l'autorité souveraine, et qu'une réclamation universelle, sur quelque point d'un grand intérêt national, entraînait forcément la chute des mauvais Ministres.

J'ai démontré successivement que les assemblées nombreuses étaient inaptes à la législation. Cela posé, quelle idée faut-il prendre des Corps législatifs ? le moins qu'on puisse leur reprocher, est, sans doute, d'envahir la portion la plus précieuse de l'autorité du Monarque, en convertissant l'unité qui conviendrait à cette autorité, en la convertissant, dis-je, en tant de rouages multiples qui se heurtent, produisent souvent de mauvais résultats, encombrent l'administration de lois inombrables, mettent les Agents du Ministère dans l'impuissance de régler ou expédier les affaires de leur ressort.

On ne dira pas, qu'en soutenant l'Autorité Monarchique, je suis suspect d'en avoir obtenu des faveurs ; qu'en plaidant pour la latitude des fonctions qui doit être réservée aux

Ministres, j'aie reçu d'eux des marques de bienveillance ; car il est notoire, depuis la Restauration, que de tous les Ministères successifs, compris l'actuel auquel j'ai mis une confiance spéciale, j'ai essuyé le plus grave refus du droit de propriété le plus juste.

Ainsi, sachant qu'aucun Gouvernement humain ne peut être parfait, froissé dans mes intérêts par une des chances de cette imperfection, je n'aurai rien perdu au rôle le plus honorable de l'Ecrivain, désireux, pour le bien public, de ramener, autant que possible, l'Autorité Monarchique dans toute sa vigueur, mais sans despotisme. Il me semble que ce rôle est assez noble, pour que j'aie pu franchir l'inconvenance qu'il y a communément à parler de soi ; mais l'ayant fait très discrètement, je me hâte de revenir à la chose publique.

Ne crois pas, ami lecteur, que la transaction dont il s'agit se trouve déja signée ou stipulée devant quelque Autorité légale. Les Rois ne reconnaissent point de supérieurs, et les libéraux s'estiment supérieurs en vertu d'une opinion qui peut faire mouvoir les peuples. L'opinion, disent-ils, est la reine du monde. Comment faire transiger des parties qui s'éloignent entr'elles à une si haute sublimité? Les premiers se resserrent ensemble, peuvent se liguer pour être plus forts: *Adstiterunt Principes, et convenerunt in unum.* Les seconds ne cherchent qu'à s'étendre sur une large surface, à lier partout des intelligences. J'ignore s'ils tiennent des comités directeurs, des sociétés secrètes où des serments clandestins servent de gage. J'aime mieux penser qu'ils vont à découvert, applaudissant à des coryphées chargés de démontrer combien leur système est favorable au bonheur public.

Lecteur, ne crois pas non plus trouver ici de ces phrases pompeuses et sonores, de ces tours spirituels d'élocution, qui, partant d'une tribune, vont amuser les abonnés aux gazettes. Depuis que je suis condamné à vivre à la campagne, je n'applaudis qu'au langage simple du bon sens.

Le moment est venu en France où le délire populaire pour les révolutions violentes et dégoûtantes de sang a cessé. La presque totalité des Français veut respirer en paix, employer son industrie, jouir de la civilisation. Ce fruit tardif de nos tristes expériences, a bien réduit les forces des agitateurs, et il ne faut pas s'y tromper. Honorons les véritables libéraux suivant l'ancienne acception du terme ; (car les révolutions défigurent les langues) ; mais , honte à ceux qui , se jactant de défendre les libertés publiques, nous conduisent à l'anarchie ou à la servitude. Moi, qui ai toujours professé le royalisme, j'entends être libéral dans le premier sens.

Supposerait-on que j'aime servilement le pouvoir arbitraire ? *Absit* , pas du tout. Je veux une Monarchie constitutionnelle. Mais, entendons-nous ; car on s'aigrit facilement faute de s'entendre. Définissons le mot *constitution*. Serait-ce quelqu'une de celles qui ont été , pour ainsi parler , brochées précipitamment, forcées par les occurrences, et qu'on a écrites au milieu de troubles intestins ? Un Savant du premier ordre (*) nous a dit avec raison , que ce ne sont pas les constitutions écrites qui fondent la paix et le bonheur d'un empire. Mais enfin , qu'elles soient écrites ou non écrites , je conviens qu'il faut s'en tenir à des règles positives qui assurent le règne de la justice , et préservent, autant que possible, des caprices du pouvoir arbitraire , d'autant plus dangereux , que le peuple à gouverner serait plus immoral ou irréligieux.

____

(*) M. de Maistre.

Je ne m'enfoncerai point ici dans des discussions politiques à n'en plus finir, sur le meilleur Gouvernement, qui, en dernière analyse, n'est que celui qui convient à chaque peuple, suivant les mœurs, les habitudes, l'ignorance ou les lumières, le caractère national, et surtout, comme je l'ai dit en 1789, qui est le moins onéreux possible (*) par les contributions exigées.

Malgré ces diversités qui doivent produire des différences entre les Gouvernements Européens, je ne veux envisager que la lutte des Rois avec ce qu'on appelle aujourd'hui le *libéralisme*, et je dis que cette lutte doit cesser par une transaction qui ne sera acceptée que par les libéraux dignes de ce nom, dans sa signification primitive, en convenant de réprimer fortement la mauvaise caste du libéralisme.

Abordons le système représentatif, par lequel nous voyons une si grande tendance à entraver, si ce n'est à détruire la souveraineté des Rois.

J'ai toujours soutenu et je répète qu'il ne

(*) Un Député qui, à la dernière session, a relevé cette dernière condition, fesait, peut-être sans s'en douter, une forte critique du Gouvernement Représentatif.

peut exister de véritable Représentation nationale. Une telle négation, résultant de la force des choses dans la composition de l'état social, indique déjà qu'il convient de fonder le gouvernement sur une autorité positive, qui ne démente pas sa dénomination.

Le pendant de cette vérité, est une autre vérité politique encore négative, savoir, que l'édifice de la Législation ne saurait appartenir heureusement à une assemblée trop nombreuse.

Le corollaire de ces deux vérités que j'ai assez prouvées ailleurs, sera le texte bien simple de la transaction que je vais retracer.

« Concentration de la souveraineté dans la
« personne du Monarque; indépendance des
« Tribunaux de Justice; suppression de tous
« privilèges; accès aux emplois ouvert à tous
» les sujets qui en seraient jugés dignes par
« leur mérite personnel; réserve du droit de
« consentement annuel des sujets à l'impôt qui
« dérive du droit de propriété, sans lequel il
« n'y aurait point d'ordre social; enfin, orga-
« nisation d'une Représentation nationale, aussi
« véritable que possible, soit pour émettre ce
« consentement, soit pour investir le Trône
« de lumières sur tous les points d'utilité gé-
« nérale, par forme de réclamation ».

De cette combinaison d'ordre intérieur politique, il me semble qu'on déduirait naturellement tous les moyens d'empêcher les fautes des Ministres, ainsi que d'un Conseil d'Etat. Ces moyens préventifs sont plus utiles et plus faciles que les répressifs. Ne voit-on pas l'espèce d'impossibilité qu'il y a d'établir des règles sûres touchant la responsabilité ministérielle, sans compromettre l'autorité du Monarque? N'est-ce pas au Monarque lui-même à punir des Agents qui abuseraient de sa confiance? Le droit que j'ai supposé de réclamation, exercé par les Représentants du peuple, offre le plus grand poids imaginable pour entraîner la détermination du Souverain; et lorsqu'il a de mauvais Ministres, comment une nuée de réclamations ne les dejettera-t-elle pas de leur poste, sauf punition pour forfaiture ou graves abus?

Cet ordre de choses n'exclurrait pas l'existence d'une haute Chambre des Pairs, dans laquelle les hommes distingués par un mérite éminent, ou des services rendus à la patrie, recevraient une grande illustration de famille et la participation aux droits de la Représentation Nationale. J'ai dit ailleurs que les distinctions sociales étaient compatibles avec cette égalité de droit, sans laquelle il n'y a

point de véritable justice, et avec cette ap-
titude qu'aurait tout citoyen à être promu
aux emplois comme aux honneurs. N'est-il
pas dans la nature de l'homme, placé par
son intelligence au-dessus des autres créatu-
res, de s'ennoblir, par ses exploits ou ses
vertus, aux yeux de ses semblables ? Une juste
présomption est qu'un tel homme transmettra
à ses enfants, avec son exemple, une édu-
cation vertueuse. Le Gouvernement qui con-
sacre l'hérédité des vertus, par conséquent
de noblesse, serait-il déraisonnable? ou plutôt n'exciterait-il pas une belle émulation ?
Telle était, avec un peu plus d'étendue, la
théorie que j'avais retracée particulièrement,
et soumise à un littérateur et publiciste très
distingué, en 1820 (*), à laquelle il m'a
paru ne pouvoir ou ne vouloir rien opposer.

(*) Lettre d'un ancien Magistrat à M. le Vicomte
de Chateaubriant, touchant l'abus de la Représentation
Nationale.

CHAPITRE II.

*De l'influence Ministérielle sur les Elections,
et du danger des erreurs des grands Ecrivains.*

ON a pu se plaindre, avec quelque raison,
de ce que les Ministres, dans les Monarchies
où la machine de confection des lois se compose de Corps Représentatifs, pour le balan-
cement de la volonté Royale, ou pour mettre
des entraves à son autorité, usaient de moyens
de corruption à l'effet de grossir le parti
ministériel. Si la chose ne peut en être autrement, à raison de la nature du Gouvernement, je n'y vois de remède que de changer
des combinaisons qui portent ainsi leur propre
condamnation. Il est néanmoins un cas où ce
mot *corruption* ne serait nullement applicable ; savoir, celui de la haute préférence
donnée pour tous emplois aux vrais amis de
la Royauté (je l'entends constitutionnelle
dans mon sens). Des Ministres, qui ne gros-
siraient leur parti que par cette préférence,
ne seraient certainement pas des corrupteurs ;
une conduite différente serait même de leur
part une prévarication.

Le systême représentatif essaié , en tant de manières imparfaites ou malheureuses , depuis plus de trente ans , en France , et qui a étendu ses fermentations dans toute l'Europe , même en Amérique , quoique devenu plus sage et plus raisonnable depuis qu'un Roi légitime a octroyé une Charte qui en modère les inconvénients , tient en suspens les hommes d'état qui en observent les résultats pour fixer leur opinion flottante ; mais si l'opinion qui domine en fait et séduit beaucoup d'esprits , a eu pour soutien des hommes d'une grande réputation bien acquise , ne faut-il pas s'en prendre à eux au cas où les oscillations du Gouvernement offriraient une situation d'anxiété sans fin pour les gouvernés , ainsi que le risque de compromettre la véritable Autorité souveraine ?

Les erreurs des grands Ecrivains politiques sont bien plus dangereuses que celles des Ecrivains d'un ordre commun : Bacon et Montesquieu ont pu en fournir la preuve. J'aime ici à me rencontrer parmi ces Auteurs qui n'éblouissent point par le charme du style, afin que sans séduction mes idées de politique intérieure soient jugées sainement.

Il me souvient que le jeune Montaigne , traduisant en français, par ordre de son père, un livre de Raymond de Sebonde, *bâti d'un espagnol barragouiné en terminaisons latines*, fit grand cas des arguments de l'auteur, quoique peu connu. En se nourrissant d'un tel livre, il conçut cette phrase de son style naïf, « En ce débat par lequel la France est « à présent agitée des guerres civiles, le meil- « leur et le plus sain parti est, sans doute, « celui qui maintient et la religion et la « police ancienne du pays ». Il ne fait allu- sion qu'aux erreurs ou à la témérité des gens de bien *à bonnes intentions*, et non de ceux qui s'en servent de prétexte, ou *pour ven- geances* ou *pour avarice*, ou *pour suivre la faveur du Prince.*

Honneur aux Ecrivains de grande réputa- tation bien méritée ; mais comme nul n'est infaillible, ainsi qu'a dit Térence, défendons- nous d'une erreur en politique, qu'ils ont pu embrasser, et secouons la chaîne qu'ils ont aidé à resserrer.

L'expérience, oui, l'expérience sera tou- jours dans ces matières le creuset où les sys- têmes de Gouvernement s'épureront. On a dit fort à propos, en France, que le peuple jugeant que les systêmes de certains Rhéteurs de tribunes étaient par trop antisociaux, et ne voulant plus figurer comme soutien de ces Rhéteurs, avait donné sa démission du rôle d'auxiliaire effectif. Or, cette improbation émanée du sens commun populaire, fait déjà suffisamment le procès des systêmes du jour.

Je ne répéterai point ici les arguments sur lesquels repose la proposition ci-dessus bien simple, qui consiste à réduire les attributions des Corps Représentatifs au vote de l'impôt, à porter les réclamations d'un intérêt général, même, en certains cas, recommander un intérêt particulier, ou dénoncer de graves injustices, ainsi étendre le droit naturel de pétition. Ils sont assez développés ailleurs (*).

Je suppose que ces arguments sont démonstratifs, et que chaque jour une expérience nouvelle des entraves au bon Gouvernement en fournisse la confirmation ; dans ce cas, il faudrait qu'une voix de Stentor, rétentissant dans toute l'Europe et au-delà, partout où la manie des révolutions a mis en jeu les hommes inquiets et agitateurs, proclamât cette proposition à l'oreille des Gouvernants, les en assourdît, s'il est besoin, et leur prêtât l'appui des sages amis du repos

____

(*) Essai sur l'Art de la Législation.

public

public, pour remettre en honneur la véritable signification du mot *Patriote*. J'aurais à reprocher aux littérateurs distingués, que leur talent, leur imagination brillante a rendu propres à propager mieux que moi des vérités essentiellement utiles pour la paix intérieure, de ne s'être pas constitués la trompette sonnante de ces vérités. Il leur serait aisé de prouver que les Gouvernements Représentatifs, tels qu'on les a conçus, renferment des éléments féconds de troubles, le germe de conspirations sans cesse renaissantes. Si dans la prolongation de tels Gourvernements des troubles pareils se perpétuent, ne faudra-t-il pas, de lassitude, se réfugier sous la verge du despotisme? et cette marche n'est-elle pas entièrement opposée à l'établissement comme au maintien de la Monarchie tempérée?

Il est raisonnable de se confier moins aux beaux qu'aux bons esprits. Les beaux esprits travaillent à rechercher notre admiration, et par cela même sont déjà un peu suspects d'être mus par un désir de domination; les bons esprits ne sont animés que de la passion du bien public. Les motifs spécieux de régler, par des contrepoids, l'Autorité souveraine, doivent céder à la nécessité de la conservation de la Souveraineté avec toutes ses

2

forces. Divisez ces forces, en les opposant l'une à l'autre : vous en réglez, dites-vous, le résultat; et moi je dis que vous les affaiblissez tellement, que souvent vous les annullez.

Par hasard, ces contrepoids ne seraient-ils pas, en France, un triste legs de révolution? Non ; ils sont la concession d'un sage Prince, qui jugeant les circonstances, a voulu enchaîner les révolutionnaires exagérés, en s'entourant des plus modérés. La révolution avait précipité la Monarchie, et, si on peut s'exprimer ainsi, en avait bouscoulé violemment la sommité. De même que physiquement la chûte des corps graves s'accélère davantage, surtout dès qu'elle a parcouru son milieu, le pouvoir monarchique tombé vers ce milieu, s'y arrêtera bien plus difficilement, et s'y trouve menacé d'un brisement affreux. Citons encore le bon Montaigne, qui s'attachait plus à la sagesse qu'au bel esprit, dans ces expressions de son Chapitre XXII : *La Majesté Royale s'avale plus difficilement du sommet au milieu, qu'elle ne se précipite du milieu à fond.*

CHAPITRE III.

Du trop de complication des Gouvernements Représentatifs.

Je m'étais appuyé d'une comparaison ou d'une vérité palpable, en observant qu'en physique toute machine qui exécute son objet de la manière la plus simple, n'en est que plus parfaite ; donc en la concevant avec des rouages multipliés, on s'est éloigné de sa perfection. N'en est-il pas de même pour les Gouvernements ? Dans l'état social, à côté des travaux de l'agriculture, ou du commerce, ou des arts et métiers, qui occupent la grande masse populaire, et aussi, à côté des beaux arts et de la littérature, qui ennoblissent la civilisation, il convient d'admettre une juste ambition des hommes qui recherchent les emplois du Gouvernement ; il convient, surtout, que le Monarque ou ses Ministres soient éclairés par le choix de leurs plus dignes Agents. Il m'a semblé que dans mon utopie, ce résultat important pouvait être assez obtenu.

Au contraire, combien les attributions actuelles des Corps Représentatifs obstruent la

marche de l'Autorité Royale ! ne suscitent-
elles pas d'ambitions d'un trop grand nombre
d'individus , qui viennent se heurter les uns
les autres dans la carrière des emplois , et
peuvent être de diverse couleur , suivant la
mobilité du Ministère ? On n'a jamais assez
inventé de ces emplois , même superflus, pour
satisfaire tant d'ambitieux , au risque d'aggraver énormément l'impôt qui fournisse à leur
salaire. L'invention des Corps Représentatifs
partageant le droit de législation , convertit
naturellement la juste ambition en un mou-
vement trop multiplié d'ambitions démesu-
rées : par là on se rapproche du grand in-
convénient du républicanisme. L'Anglais *Far-
naby*, sollicité et persécuté pour se déclarer
pour le parti républicain , avait raison de répondre obstinément : *J'aime mieux n'avoir
qu'un Roi que d'en avoir cinq cents.*

Il est facile de dire , et nous le savons ,
que l'homme répugne naturellement aux mesures arbitraires d'un Gouvernement absolu.
J'entre pourtant en méfiance de ces haran-
gues portant l'éloge d'un Monarque ami des
libertés publiques. En déroulant les pages de
l'histoire , nous acquérons assez la conviction
qu'une descendance légitime des Dynasties
que la Providence a placées comme souve-

raines à la tête des Nations, a communément été pénétrée de sentiments paternels envers les sujets, les a fait jouir sans entraves d'une heureuse Administration, en quoi se rencontre le grand intérêt des Princes eux-mêmes.

L'idée d'un despotisme odieux s'efface à la lueur des bienfaits d'ordre social, qui ont résulté de l'Autorité des Monarques héréditaires. Le mot *despotisme* n'est donc qu'un fantôme servant de marote aux écrivains qui tendent à troubler cet ordre social. Mais ce fantôme serait assez dissipé, même la réalité du despotisme serait assez anéantie, lorsque le droit de propriété, première base de la civilisation, serait défendu par une Représentation Nationale, qui s'occupe de l'impôt nécessaire, et à laquelle se trouve réservé le droit de consentement à cet impôt. Cependant, si cette espèce de transaction entre la simplicité du Pouvoir absolu, qui ne manque pas d'avantages, et la concession de Représentants, qui complique la machine politique, est plus que suffisante pour rassurer contre l'épouvantail du despotisme, d'où vient que parmi tant d'écrivains remarquables dont la France surabonde, je n'en vois guères qui appuient la thèse de réduction que j'envisage? Je dois rendre justice à plusieurs d'entr'eux

infiniment estimables. Je pense que par mé-
nagement pour tant d'opinions politiques di-
vergentes qui travaillent la société, ils ap-
prouvent tacitement l'idée de cette réduction.
Ils y aboutissent indirectement toutes les fois
qu'ils combattent noblement le fantôme bien
plus hideux de la souveraineté du peuple,
ramenant, en tant que possible, l'Autorité
suprème du Monarque, reconnaissant religieusement que les Princes de la terre sont,
en quelque sorte, dépositaires du pouvoir
divin, qui se distribue, se conserve, ou s'enlève par des voies humaines, des causes se-
condaires, qui servent d'instrument aux des-
seins d'une Providence qui n'est méconnue
que des impies (*).

(*) Des observations sérieuses sur l'histoire, ou le rai-
sonnement, nous amèneraient assez à conclure, qu'une
Providence Divine assigne tel ou tel Prince, ou leur
Dynastie, au Gouvernement de chaque Nation. Mais ceux
qui abaissent leur raison devant les vérités déclarées
par nos livres saints ; y trouvent clairement exprimé, que
Dieu dispose des Couronnes et approuve la Monarchie.
In unam quamque gentem præposuit rectorem. Eccle-
siastic. 17. 14.

CHAPITRE IV.

De la simplicité préférable du Gouvernement Monarchique, tempéré par le vote national sur l'impôt.

L'ESPRIT de famille chez les particuliers, est une source de jouissances pures qui se composent de l'amour filial et paternel, des affections fraternelles, comme de l'amour conjugal. De même, dans la grande famille d'une Nation, des affections vives et réciproques s'établissent entre les sujets du même Empire, et le Prince qui est animé pour eux de sentiments paternels. La puissance même illimitée d'un Roi bienfaisant, lorsqu'elle suit les voies de la justice, répand l'ordre, la paix et le bonheur public dans son Royaume, émeut les cœurs facilement sensibles d'un peuple qui lui rapporte son bonheur : le Prince est trop heureux d'avoir mérité cette expansion de gratitude. Ne retranchez donc rien de cette Puissance Souveraine, ô vous, Philosophes du jour, sous le prétexte d'obtenir une trompeuse liberté ; n'enlevez pas au Monarque les moyens et le droit de rendre son peuple heureux ; n'absorbez pas tout le temps

de ses Ministres , pour qu'ils ne soient dans
l'impuissance de vacquer aux affaires multi-
pliées de leur ministère. Examinez ce que la
société a gagné dans vos épreuves. La tranquillité des sujets est-elle mieux rassurée ?
leurs contributions sont-elles moindres (*) ?
la machine du Gouvernement plus régulière?
les Agents du fisc, qu'on eût pu réduire, moins
dévorants ? le commerce mieux délivré de
ses entraves ? les divisions de parti qui en-
gendrent les haines entre citoyens, et quelquefois pis, ne sont-elles pas trop alimentées?
les oracles de la Justice sont-ils plus promp-
tement rendus, si toutefois ils ne restent
muets ou paraissent peu conformes à l'équité?

Vous le voyez: tout empiètement sur l'autorité d'un Roi légitime, que vous arrachez
ou obtenez de son extrême condescendance,
n'est-il pas un délit énorme ? Soyez poètes,
orateurs, rhéteurs élégants et admirables par
le style, mais préservez-vous d'aucune com-

(*) En s'arrogeant le droit de diminuer l'impôt, une
Assemblée Représentative enlève au Monarque le mérite
de ce dégrèvement, qui avait valu tant de bénédictions
à Louis XII, et aux commencements du règne de Louis
XV, et ne permet plus au Souverain d'aspirer, par un
tel moyen, au titre de *Père du Peuple* ou de *Bien-aimé.*

plicité à ce délit. N'entendez-vous pas cette voix puissante des cieux qui vous crie : *Noli tangere Christos meos* , et qui menace de tant de malheurs les peuples qui se prêtent à vos impulsions ? pour peu que vous fassiez de brêche à la Souveraineté temporelle, disposée à suivre les préceptes intimés aux Princes par l'éternel Roi des Rois, vous attentez , avec une audace criminelle , à la puissance de ce Souverain des cieux qui saura vous en punir.

Ceux qui , sous le prétexte de haine vague contre le despotisme , répugnent au pouvoir absolu du Monarque , même avec le tempérament que j'indique, sont précisément comparables à des physiciens , qui , au lieu de fonder leur système sur l'ordre commun des productions de la nature , préféreraient de l'établir sur des monstruosités qui offrent de rares exceptions. En effet, ne serait-il pas absurde de contester l'établissement nécessaire de la Puissance paternelle , par la raison qu'il se rencontre quelques monstres qui n'ont point les entrailles de père ? De même il est déraisonnable de repousser l'idée positive qu'on doit supposer des sentimens paternels envers les sujets dont les Monarques sont naturellement animés. Donc , il faut réserver à ces Monarques toutes les forces de la souveraineté, pour l'exécution et la confection des lois qui constituent leur Gouvernement paternel.

On a voulu, de nos jours, susciter parmi les peuples une grande effervescence de goût pour les Gouvernements, où une Représentation Nationale fictive, et que l'intrigue compose trop souvent, exerce une portion de la souveraineté. On a cru conquérir ainsi des libertés, comme si la soumission nécessaire aux Puissances toujours légitimées par le long temps où elles ont protégé l'ordre social, comme si cette soumission, dis-je, était servitude. Nous devons regarder comme très suspects d'une ambition désordonnée, propre à compromettre la paix publique, les provocateurs ou fauteurs d'un tel enthousiasme.

On sait bien qu'il n'y a guère d'homme sur la terre tout-à-fait content de sa position. Au lieu de borner sa tendance à l'améliorer, suivant un droit naturel, par des voies légitimes qui s'assortissent au Gouvernement existant, on l'a flatté de vaines espérances de bonheur dans de grandes innovations, pour lesquelles il ne fallait pas épargner la violence. Il est résulté de cette lutte contre les

Gouvernants , qui, moins pour leur propre conservatiou que pour l'intérêt public , ont dû se préserver d'atteintes , une espèce de conspiration flagrante presque générale contre les Puissances établies , si l'on nie que ce soit par la Providence , du moins par la raison universelle des résultats de l'expérience des peuples. Ces peuples , avertis par l'épreuve récente de tant d'horreurs révolutionnaires, ont , plutôt ou plus tard., opposé une force d'inertie contre les agitateurs. Cependant , la boîte de Pandore s'est trouvée ouverte ; la contagion a circulé : là où de grandes conspirations ont cessé, les petites ont continuellement renouvelé leurs tentatives , et sans un bras de fer, qui les etouffe ou les prévienne , perpétueront les inquiétudes.

Que faire , lorsqu'un Prince sage , moins jaloux de se réserver tous les attributs de Souverain , que de pourvoir à la tranquillité de ses sujets , a cru devoir transiger avec la folie du siècle , et concéder à des Corps Représentatifs une part de sa souveraineté ? Si déjà la dignité de ces Corps n'a été que trop compromise par la licence ou les scandales des Membres de l'opposition , si une espèce de dégoût national a commencé d'attiédir le zèle trop ardent pour des libertés exagérées, il conviendrait, ce semble, de réduire dans une juste mesure les attributions de ces Corps Représentatifs.

Nos politiques n'ont peut-être pas encore assez approfondi les inconvénients des attributions actuelles de ces Corps, pour être convaincus de combien d'abus et de résultats fâcheux ils balancent des avantages apparents d'utilité publique.

La réduction que je propose ici serait-elle indigne de leurs méditations ? Mon utopie n'était pas déraisonnable en 1789, je la concevais pour les Monarchies en général ; tout ce qui s'est passé du depuis en France, triste modèle d'autres révolutions ailleurs, n'a fait qu'incessamment confirmer ma thèse bien simple. Le moment d'en faire l'application en France, serait-il inopportun ? Ce n'est point à moi, isolé dans un cabinet de campagne, à en juger ; mais j'y suis Roi de mes pensées, et ne veux pas renoncer à celle-ci, dans l'intérêt général de l'humanité.

CHAPITRE V.

Des circonstances qui justifient l'admission du Gouvernement Représentatif qui ne soit que provisoire, ainsi que des vices de ce Gouvernement.

———

JE ne contesterai pas qu'il ne puisse se rencontrer des circonstances de position, ou de vertige révolutionnaire, égarant une Nation, qui obligent un Monarque prudent à lui concéder, du moins temporairement, l'appas du Gouvernement Représentatif. Je n'examinerai pas même si ces circonstances ont été véritablement assez obligatoires, pour excuser les conseillers qui, de bonne foi, mûs par des préventions systématiques, ou peut-être par des arrière-pensées d'ambition, ont induit le Monarque à adopter semblable mesure. Mon écrit a pour objet de démontrer, en thèse générale et par addition à d'autres écrits, les vices inhérents au systême de Représentation Nationale, en vue de le modifier. Quelles que soient la force de caractère, la capacité de gouverner par soi-même, les lumières personnelles d'un Prince, il lui est impossible de se dérober aux influences de ceux qui l'entourent. Demandez à l'homme le plus fort et le plus robuste, s'il peut se dispenser de respirer l'air ambiant; et si cet air est contagieux, comment sera-t-il à l'abri du danger ?

Nous avons été témoins des intrigues qui s'agitent dans les élections de Députés. Il ne saurait en être autrement, quand même on aura établi le meilleur mode d'élection, et choisi les Electeurs dans la classe la plus digne de confiance. Parmi ces Electeurs il n'en est qu'un petit nombre qui, entre les éligibles, se mettent au rang des Candidats. Outre le dérangement qui répugne à la plupart de ces Electeurs, mûs, quelquefois même fatigués pour se déplacer de leurs foyers, il leur en coûte de désobliger plusieurs hommes de mérite, là où ils ne peuvent servir les vœux que d'un seul. Ces Candidats sont plus ou moins ardents à se procurer des suffrages. Bientôt ils imiteront toutes les inconvenances que l'habitude Anglaise a consacrées : immodestie, ou plutôt effronterie d'orateur qui sollicite ces suffrages, corruption, fausses promesses, vénalité employée, ou basse supplication, combinaisons de ruses, médisances au moins, pour déprimer, écarter un concurrent. On peut bien conclure que les résultats de l'élection laisseront dans le cœur de tant d'individus tumultuairement agissants, de l'aigreur, du dépit, des inimitiés. Tristes inventeurs du système représentatif, quel funeste présent avez-vous fait à la France, qui jadis offrait à l'univers, plus réellement qu'aujourd'hui, le charmant tableau de cette douce urbanité qui représente l'amour que les citoyens d'une même patrie se doivent de droit naturel ? urbanité, dont le renom conservé encore, est un aimant puissant qui attire l'étranger, l'enchante, lui sert de modèle, et par une espèce d'écoulement va se reproduire au loin, comme préposée au perfectionnement de la civilisation du genre humain. Oui, sans doute, cet extérieur, ces expressions caressantes de la politesse française étaient et sont par fois peu sincères, exagérées ; mais on le savait, on ne s'y trompait pas, et une belle écorce qui charme les yeux, ajoute en ceci beaucoup d'agrément à la vie sociale.

Je conviens qu'à la Cour, où les grandes ambitions s'agitaient, il y avait particulièrement à reprocher les bassesses de l'adulation et de la perfidie. Mais ce cercle était bien étroit, en comparaison de ce qui se passe ; on l'a furieusement agrandi, en l'élargissant dans toutes les parties de l'Empire Français, aux époques d'élections. Bien loin d'augmenter, pour l'homme vertueux, la facilité de se livrer à son penchant d'aimer, d'estimer les autres hommes, on lui a fourni plus d'occasions et de chances, qui le portent à mésestimer ou détester son semblable, à se dépiter contre l'état social, à se renfermer dans son manteau, et devenir presque insociable. Et vous dites, en vous rapprochant des formes républicaines, que l'élément de la république est la vertu ! Cela peut se trouver écrit dans des théories arbitraires de soi-disants philosophes; mais en pratique nous trouverions toujours plus d'éléments de vertu dans une Monarchie bien ordonnée et délivrée du besoin de remuer toutes les passions, pour composer une Représentation Nationale qui vienne partager la souveraineté.

Dire que le Gouvernement Représentatif convient localement à tel pays par la force des habitudes prises, ou par des raisons politiques invincibles, cela serait soutenable ; mais, en thèse générale, vanter les bons effets de ce Gouvernement, ne peut appartenir qu'à quelque ambitieux qui vise à tirer parti d'un tel ordre de choses.

CHAPITRE VI.

De quoi les Députés du peuple peuvent s'oc-
cuper utilement.

Une fois que la Législation civile et criminelle est fixée pour la direction des Tribunaux, il ne reste plus qu'à s'occuper des
finances de l'Etat, de la Police préventive
des délits, ainsi que de l'Administration intérieure, outre les dispositions militaires qui
veillent à la garde de l'Empire. Une Assemblée de Députés, péniblement occupés à un
grand laboratoire de lois, ne peut utilement
traiter que du consentement à l'impôt, et
moins utilement des matières de police ou
d'Administration. Les bonnes Lois, qui de-
vraient être simples et à portée de tout le
monde, ne peuvent continuellement être re-
faites ; car elles sont de la même nature que
la morale, et la morale ne peut se refaire.
D'impudens Rhéteurs peuvent tenter d'ébran-
ler ou corrompre cette morale; mais il serait
étrangement ridicule qu'on cherchât à la refaire, là où elle est enseignée dans toute sa
pureté, chez une Nation Chrétienne. Redi-
sons-le à satiété : il faut bien distinguer ce

qui est proprement loi , d'avec ce qui est
règlement. Les matières d'Administration ne
sont que règlementaires. J'ai prouvé ailleurs
qu'une Assemblée nombreuse est inapte à la
confection des lois proprement dites ; car
elles sont d'avance dictées par la raison na-
turelle. Un petit nombre de Conseillers choisis
suffit pour les reconnaître , et il suffit pour
qu'elles attirent tacitement la sanction de la
raison publique. Quant aux objets d'Administration , ils appartiennent à ce qu'on appelle Ordonnances des Rois , et il y a mille
inconvénients à gêner , à cet égard , l'action
du Ministère , pourvu qu'on ait reservé aux
Provinces , ou Départements , ou à la Représentation Nationale , les moyens d'éclairer le
Ministère , et d'y faire éclater de justes réclamations.

Ainsi donc , ce droit de réclamation et le
consentement à l'impôt , par respect pour le
droit de propriété des sujets , doivent être
l'unique objet des dèlibérations d'une Représentation Nationale. Tel m'a paru être le
moyen terme de conciliation , entre les partisans de cette Représentation , et ceux de
la Monarchie absolue ou tempérée.

Par cette réduction et simplification des
attributs de la Représentation Nationale, on

épurerait jusqu'à un certain point la mission des Députés. N'étant chargés que de reconnaître les vrais besoins des finances de l'Etat, leur responsabilité, par rapport à l'opinion de leurs compatriotes, leur imposerait mieux la plus grande circonspection, pour n'aggraver l'impôt que dans les cas d'indispensable nécessité. En les excluant de toute autre opération proprement législative, l'ardeur et l'ambition des Candidats, pour la députation, seraient ralenties, parce que leurs attributions auraient perdu de leur importance, et les inconvénients qui viennent d'être indiqués dans le résultat peu moral des intrigues électorales, seraient amoindris.

CHAPITRE VII.

Des bonnes lettres, et de la lenteur qu'on doit apporter dans les grandes réformes.

LE Régime Représentatif offre proprement une lutte de Rhéteurs (soit dit sans blesser d'estimables Orateurs qui se rencontrent parmi eux). De même que les Rhéteurs Grecs et Romains remplacèrent et firent dégénérer la vraie éloquence et la saine littérature, de même la vaine et dangereuse Rhétorique est venue s'immiscer dans le sanctuaire du Gouvernement, pour l'embarrasser et y porter le trouble. Je respecte assurément les gens de lettres ; mais je suis fâché, pour la paix publique, de ce qu'ils font servir leurs talents à envahir une grande portion du souverain pouvoir. La littérature convient à embellir les hautes qualités du Magistrat ou de l'homme public, pour le service du Souverain, mais non pour démembrer la Souveraineté.

J'insiste à dire qu'il est infiniment essentiel de considérer et admettre, comme point de doctrine, cette vérité qui ressort de la nature du cœur humain et de l'intérêt propre des Princes ; savoir : qu'un Monarque, dont l'autorité n'est point entravée, s'occupe principalement du bonheur de ses sujets. Les rares exceptions qui se rencontrent, ne détruisent nullement cette règle, plus ou moins observée en raison du plus ou moins de talents ou de vertus personnelles du Souverain. Cette grande vérité s'accomplit surtout chez les nations où domine l'Evangile, qui réfléchit son flambeau à l'entour du Trône.

Cela posé pour base, qu'avez-vous à dire, apologistes de l'empire des lettres, qui cherchez à les tourner au profit du Républicanisme, en prétextant des libertés publiques dont vous vous constituez les défenseurs, pour réduire, de tout votre pouvoir, la suprématie Monarchique ?

Je conviendrai que le sort des Nations se modifie ou se détermine, d'un côté, par la violence militaire, ou la ruse politique, et d'autre côté, par le progrès des lumières répandues chez les peuples. Je ne pourrais convenir que cette dernière influence offre des résultats plus certains et plus durables que les conquêtes de la force-armée. Toutefois, l'histoire m'apprend que l'anarchie des guerres civiles, comme les débordements de nombreux et farouches guerriers, font retomber les peuples dans la barbarie. Les peuples réfugiés sous un Sceptre héréditaire, jouissent, vous l'avouerez, plus constamment des douceurs de la paix et de la civilisation.

Jetons maintenant un coup-d'œil en arrière sur les longues et poignantes épreuves de révolution que nous venons de subir.

Depuis que le monde avait retrouvé les éléments du bonheur social, à la grande époque de l'apostolat des vertus, qui a fixé notre ère, après tant de siècles marqués par des égarements et des retours à ces vertus, des auxiliaires évangéliques, tels que Bossuet, Fénélon, Bourdaloue, Massillon, etc. nous

avoient légué un trésor de lumières et d'éloquence, que l'orgueil des Voltaire, des Rous-
seau, comme de prétendus réformateurs de
religion, avait enveloppé de funestes voiles.
Oui, l'empire des lettres, que vous appelez
progrès des lumières, avait fait couver, éclater
nos malheurs révolutionnaires. En revanche,
après avoir vu couler le sang de tant de
Martyrs, parmi lesquels l'infortuné Louis XVI
brille en tête, l'éloquence des défenseurs de
nos anciennes et saintes Lois, des Héros en
véritable politique, qu'il serait trop long de
nommer, et qui me pardonneront de ne nommer qu'un Bonald, parce que nos archives
conserveront assez précieusement leur souvenir, ont rendu aux lettres leur bonne et
véritable direction.

Qui sait, pourtant, comment les bonnes
lettres l'emporteront sur les mauvaises ? Au
milieu de tant de luttes d'ambitieux Littérateurs, dans l'incertitude des chances, ne
faut-il pas se rattacher sous l'Autorité Monarchique, délivrée de trop d'entraves, et
appartenant à une dynastie héréditaire? C'est,
sans contredit, la plus importante, comme
la plus solide ressource pour le maintien de
l'ordre social et de la paix publique. A moins
d'être insensible à la conscience de notre

raison, à moins de repousser les leçons de l'expérience et de la raison universelle des peuples, nous devons chercher notre abri sous la Monarchie, par le motif hautement supposable de son excellence, que l'antiquité n'avait pas hésité à reconnaître.

Hélas ! nous avons besoin de sages réparateurs, tels qu'il paraît qu'on les rencontre maintenant, autant que nous ayons éprouvé combien il fallait se préserver de barbares démolisseurs ! Les antiques édifices ne peuvent s'écrouler qu'avec fracas : malheur à ceux qui les ébranlent, et nous l'avons bien vu. L'amphythéâtre de Rome, celui de Nîmes, offrent encore les ruines de destruction, parce qu'on n'a pas eu soin, comme à Véronne, de substituer de nouvelles masses à celles qui dépérissaient. L'édifice de Gouvernement ou de Législation bien plus important, ne pouvait être heureusement improvisé, après qu'on avait ruiné violemment tout ce qui précédait. Le grand nombre d'ouvriers qui avance rapidement les ouvrages matériels, est, au contraire, très dangereux dans les innovations législatives, puisqu'on a remarqué justement que toute assemblée nombreuse est peuple. Je l'avais pressenti, lorsque, guidé par l'amour de la justice, après avoir assez

médité la Jurisprudence Romaine, j'avais cru,
en 1786, avoir préparé les matériaux d'un
renouvellement de Code. Quoique j'eusse déclaré très important de ne toucher que peu
à peu à ce renouvellement, je me souviens
d'avoir éprouvé un reproche de l'illustre Por-
talis, qui a été ensuite Ministre des Cultes,
sur ce que, bien qu'il approuvât mes vues
et mon plan, j'avais coopéré à donner l'élan
aux innovations. Je me reprocherais moi-
même, encore plus, d'avoir partagé l'idée
d'une Représentation Nationale, dont je ré-
duisais pourtant les attributs, n'ayant pas
ignoré les troubles que les anciens Etats Généraux avaient occasionnés ; mais nous étions
en 1789 ; et ne fallait-il pas alors transiger avec la fermentation des idées domi-
nantes ? On sait bien que la Constituante,
composée d'une élite d'hommes éclairés, aurait épargné beaucoup de maux, si elle s'était
arrêtée aux mandats reçus. Mais encore une
fois, il fallait que cette Assemblée subît les
chances des fermentations populaires, précisément à cause du grand nombre de ceux
qui la composaient. Il ne suffisait pas d'un
Roi extrêmement bon et ami de ses sujets,
il fallait qu'il fût fort de caractère, de volonté, de force militaire, et même de cette

confiance publique , que tant d'agitateurs avaient travaillé, de longue main, à détruire ; il fallait se rencontrer avec une génération religieuse , et l'on sait aussi à quel point la malice des soi-disant philosophes avait préparé l'irréligion. Si , emporté, comme tant d'autres , par une noble erreur , j'ai cru à tort pouvoir parler à cette époque de Représentation Nationale ; si le recours à cette Représentation n'était pas imposé par les circonstances, du moins avec des précautions propres à en réprimer les écarts, je dois maintenant m'efforcer d'expier ce tort, en soutenant le besoin de réduire les pouvoirs des Corps Représentatifs.

CHAPITRE VIII.

Autres inconvénients du Régime Représentatif.

POURSUIVONS les preuves dont je m'étaie. Là où on aura rencontré le meilleur mode d'élection de Députés, il faut admettre que la Représentation Nationale se trouve composée d'un très grand nombre d'hommes de mérite. On sera obligé de convenir qu'une telle Représentation , quoique n'exerçant qu'une portion de la souveraineté qui réside principalement dans le pouvoir législatif, en exerce véritablement la plus grande portion, puisqu'elle dispose même du choix des Ministres du Roi, en le forçant d'en changer : et n'est-ce pas avoir changé la Monarchie en Aristocratie ? Pour arriver à un semblable résultat révolutionnaire, ce n'était pas la peine d'avoir débuté par assassiner ceux qu'on appelait Aristocrates. Mais oublions les inconséquences et le délire criminel d'une révolution populacière ; considérons-nous dans le calme obtenu depuis qu'on s'est reposé sur cette espèce d'Aristocratie. Ce ne sera point déprimer, ni outrager irrespectueusement une Assemblée remarquable par de nombreux talents, que de dire qu'il y aura beaucoup d'ambitions à satisfaire. L'homme de mérite a, sans douse, des droits exclusifs aux emplois ; son ambition est donc en quelque sorte louable. Plus vous aurez mis d'hommes pareils sur le chandelier, suivant l'expression triviale, plus vous aurez contracté d'engagements à les récompenser, en raison de l'estime publique dont ils se seront rendus dignes. Aussi un Publiciste renommé de nos jours vous l'a annoncé, en reconnaissant la nécessité de satisfaire à beaucoup d'ambitions (*). Il me semble qu'il a fait ainsi le procès du Gouvernement Représentatif, qui coûte assez cher du moins par le salaire qu'il faut réserver aux Députés, sous la forme de riches emplois.

Quoique le même Publiciste ait vanté ailleurs l'avantage que ce Gouvernement offre dans la facilité de charger le peuple de graves impôts, j'aimerais bien mieux un ordre de choses monarchique, où on serait privé d'une telle facilité. Dire qu'un Roi devient par là plus puissant, n'est pas flatter la bonté de son cœur. Cette puissance d'argent arraché aux sueurs des sujets, est plutôt la puissance de l'Aristocratie, qui domine sous un chef qu'on appelle Roi, qui ne l'est tout au plus qu'à demi, et que je regarde pourtant comme entièrement Roi, lorsque je satisfais à mon devoir de respecter sa volonté Royale, qui a estimé, d'après les circonstances, qu'il lui convenait de partager sa souveraineté. Il m'est impossible, sous les rapports génériques de Gouvernement, de croire qu'il a augmenté son pouvoir souverain, quelque confiance que j'attache au dire de ceux, qui, en portant aux nues son inviolabilité hors de toute at-

____

(*) De la Monarchie selon la Charte.

teinte, le transposent ainsi hors de la Souveraineté, à force d'annuller sa Puissance législative.

Transportons-nous plutôt dans une République, si toutefois elle est praticable, sans anarchie, chez un grand peuple, et nous verrons que pour une guerre juste, (seul accident qui exige de graves impôts), toutes les richesses, toutes les forces nationales, se déploîraient spontanément avec plus d'abandon. Il est fâcheux qu'hors le cas de guerre, le Gouvernement Monarchico-représentatif nécessite trop d'impôts.

La liberté de la presse, inséparable du Gouvernement Représentatif, et qui a tant fait de mal, soit à la Souveraineté du Monarque, soit à la Religion, au point de justifier presque l'inquisition espagnole, si toutefois, comme il est notoire, elle avait adouci les mesures trop sévères qu'on lui avait imputées à outrance ; cette liberté, dis-je, m'autorise à indiquer, en thèse générale, les vices inhérents à la Représentation Nationale. Quel plus bel hommage puis-je rendre à une Assemblée de Royalistes, à laquelle le Monarque aurait cédé, par esprit de bien public, une partie de sa Souveraineté, que de lui proposer de rendre à ce Monarque ce qui lui appartient, pour qu'il l'exerce par les motifs réunis d'économie et de conservation de la paix intérieure ?

CHAPITRE IX.

Du faux principe de la Souveraineté du Peuple.

ANALYSONS les motifs de la lutte qui s'élève entre les partisans du Gouvernement Représentatif, qui dépouille, plus ou moins, le Monarque de son autorité, et les Princes qui semblent disposés à maintenir, à main armée, la légitimité de leur droit souverain. Ils ont pour base, d'une part, le principe de la Souveraineté du peuple dont les politiques éclairés reconnaissent les dangers et la fausseté (*), et d'autre part, la longue durée de bon ordre intérieur obtenu sous la Monarchie. Laissons de côté les chances de remplacement d'une Dynastie par une nou-

---

(*) En lisant l'Histoire de la Révolution Française, par J. P. Rabaut, on reconnaît combien le Protestant qui a déserté la foi de ses pères, est propre à déserter la cause de l'ordre social, en s'aveuglant au point de vanter la Souveraineté du peuple, et excuser toutes les horreurs révolutionnaires.

vélle : évènemens qui résultent, soit du jeu des passions, triste apanage de l'humanité, soit plutôt des graves fautes commises par les Monarques. Je vois donc le combat des armées de la légitimité contre celles qui maintiennent la Souveraineté d'un peuple. Nous savons assez que celles-ci, qnand même elles auront fait des prodiges de valeur, s'évanouiront dans l'olygarchie et l'anarchie pour faire place au despotisme.

Lorsqu'on a rappelé cette ancienne condition que des Castillans ou Arragonnais apposaient au serment prêté à leur Monarque, où ils exigeaient qu'il gouvernât avec justice, « *Sinon, non* », comme pour se réserver le droit de rebellion, on n'a fait que manifester ce que Dieu prescrit aux Princes de la terre, sous peine de voir leur Trône ébranlé par des sujets dont la patience est poussée à bout. Ce précepte est applicable indistinctement à toutes les Monarchies, indépendamment d'un serment conditionnel tacite ou exprès, qui, avant l'effervescence de révolution, dont nous avons été témoins, n'était nullement tenu en Espagne comme consacrant le faux principe de Souveraineté du peuple. L'observation des préceptes religieux est pour les Rois la meilleure sauvegarde. L'orgueil

des Grands et l'injustice des Princes trouvent,
tôt ou tard, leur punition dans les décrets
du Roi des Rois : *Deus ultionum. -- Confringet
in die iræ suæ Reges.*

CHAPITRE X.

*Observations sur le bel Ecrit : De la Monarchie
selon la Charte.*

———

J'AI admiré, avec toute la France Royaliste,
j'ai lu et relu, toujours avec une vive admiration, le brillant Ecrit *de la Monarchie selon la Charte*, où le systême des intérêts
révolutionnaires est écrasé par la dialectique
la plus triomphante, où les sentiments de
l'honneur national sont chaleureusement ré-
veillés par le plus noble esprit français. J'ai
reconnu le grand homme d'Etat dans beaucoup de pages de haute et véritable politique, telles que celle-ci ; page 149 : « Une
« conduite noble est sans danger. Tenez fidè-
« lement vos traités ; payez ce que vous de-
« vez ; donnez, s'il le faut, votre dernier écu ;
« vendez votre dernier morceau de terre,
« la dernière dépouille de vos enfants, pour
« payer les dettes de l'Etat ; le reste est à
« vous : vous êtes nud, mais vous êtes libre ».

Revenant ensuite à ma thèse générale, sur le point de savoir quelles doivent être, dans une Monarchie, les attributions d'une Représentation Nationale, j'ai eu à regretter qu'un Ecrivain aussi habile, au lieu de s'être circonscrit dans le systême actuel du Gouvernement Français, qui a la Charte pour fondement, n'ait point eu à discuter quelles modifications étaient nécessairement imposées par les circonstances à l'organisation intérieure d'une Monarchie. Apparemment il a voulu se renfermer dans un cercle tracé par la volonté Royale, toujours bien respectable, et à laquelle le vrai Royaliste doit toujours se soumettre.

Dans l'éloge que ce sublime Ecrivain donne à son systême, il conclut, au dernier chapitre : « Qu'il faut désencombrer les affaires, « vider beaucoup de cartons, se mettre le « plus possible au courant, de manière à dé- « gager la marche de l'Administration ». Et il ajoute : « *C'est l'affaire de six mois* ».

Tant il est vrai qu'une belle théorie n'est pas toujours facilement d'accord avec la pratique ! Nous n'avons qu'à rappeler ce qui a été ci-dessus observé, comme tenant à la nature du Gouvernement Représentatif : savoir, que le Ministère est tellement absorbé,

soit

soit par ses rapports avec les élections et avec les Députés , soit pour la préparation , soit pour la défense des propositions législatives, qu'il en résulte le plus grand encombrement des affaires d'un intérêt privé. L'attention à la chose publique absorbe toute celle qui devrait appartenir aux détails , comme dans un corps rachitique tous les sucs s'arrêtent à la tête, laissant languir les membres.

On a blessé l'unité et presque détruit l'utilité du pouvoir monarchique, en le divisant trop. Et quelle plus respectable Autorité pouvons-nous citer , pour en être religieusement convaincus , que les dernières paroles du testament du Roi Martyr? Quelque éloge que nous donnions aux écrits du siècle, en est-il quelqu'un de plus éloquent , de plus touchant, de plus profond , que celui-là dont on peut dire que le Royal Auteur , dans son noir cachot, semble avoir reçu toute illumination d'en haut, sur le pouvoir Monarchique , tandis que la Divinité lui ouvrait son sein , et qu'il éprouvait le calme de la vertu au milieu de la horde scélérate qui l'assassinait ?

CHAPITRE XI.

Des Admirateurs du Gouvernement Anglais.

J'avais combattu, en son temps, ce senti-
ment d'admiration de Montesquieu, qui lui
avait donné tant de goût pour le Gouvernement Anglais, et on sait combien les ad-
mirateurs de Montesquieu ont pris part à la
révolution française.

Aujourd'hui, qu'en thèse générale, pour la
conservation de l'Autorité Monarchique, je
soutiens qu'il faudrait réduire, au seul vote de
l'impôt, les attributions des Représentants du
peuple, j'ai à demander où est véritablement
le Monarque là où toutes les lois, et même
tant de règlements, sont décrétés principalement par la majorité des suffrages des Députés de la Nation? ou plutôt, j'ai à m'in-
former si l'on est sous la Monarchie ou sous
le Gouvernement Républicain. Montesquieu
lui-même va me répondre dans un de ses
premiers chapitres de l'esprit des Lois.
« Le peuple, dit-il, dans la démocratie ne
« peut être monarque que par ses suffrages,
« qui sont ses volontés; la volonté du Sou-
« verain est le Souverain lui-même ».

Ce Philosophe publiciste avait, sans doute, bien défini ce qu'il fallait entendre par République ou Monarchie. Aussi, l'on pourra vérifier que sous un Gouvernement Représentatif, où un Roi se trouve entremêlé, les Ministres du Roi seront plutôt les Ministres choisis ou consentis par la majorité des Représentants du peuple; ainsi, la Royauté sera privée de Ministres qui lui soient exclusivement propres. Il est vrai que suivant la remarque d'un Publiciste distingué de nos jours (*), le Ministère, qui doit être pris nécessairement dans les rangs ou suivant la majorité des Députés, offre l'avantage *incalculable* d'amener les plus beaux talents au Ministère ; mais par cela même, qu'un tel Ministre doit être reconnaissant de son élévation envers le plus grand nombre de Députés, il aura contracté l'engagement d'accorder, et devra avoir à sa disposition un grand nombre de places pour s'acquitter. Ce nombre de places, qu'il faudrait réduire pour le dégrêvement des sujets, est encore insuffisant pour contenter les ambitieux, qui ne manquent pas dans tous les partis.

J'ai soutenu que les Assemblées nombreuses

(*) De la Monarchie selon la Charte.

n'étaient guère propres à la confection des lois, et que le pouvoir législatif convenait plus naturellement au Monarque assisté, éclairé par un petit nombre de Conseillers bien choisis. Eh, qu'on ne vienne pas m'objecter que le bienfait d'un Code civil uniforme, en France, l'émission d'un Code criminel, judiciaire et de commerce, ont eu lieu pendant la tenue d'Assemblées Législatives pareilles ! Je répondrais que c'est au caractère ferme de l'usurpateur Buonaparte, entraînant la prépondérance d'un petit nombre de Jurisconsultes, chargés d'un travail qui était, pour ainsi parler, déjà mâché, qu'on a été redevable de l'uniformité des Lois civiles. Il m'est permis, je crois, de me jacter parmi les Jurisconsultes de la génération actuelle, d'avoir principalement, et le premier, provoqué cette uniformité, en France, sous le règne des Bourbons, avant la révolution (*); d'avoir facilité la conciliation de tant de mauvaises coutumes (**), qui, pour être obtenue, n'attendait plus que la volonté positive d'un Prince qui osât, sur ce point, être Souverain. Il ne sera pas fa-

---

(*) De la Réforme des Lois Civiles, 1786.
(**) Essai sur la Conciliation des Coutumes Françaises.

éîle, tant que les rouages de la Législation resteront en nombre excessif, de perfectionner ces divers Codes, parmi lesquels les Codes criminel et judiciaire sont principalement susceptibles d'amélioration.

Les Corps Législatifs nombreux sont plutôt propres à multiplier les Lois outre mesure, et à justifier cette plainte que Tacite adressait à son siècle : « *Ut anteà flagitiis sic nunc legibus laborari* ». De cette complication de Lois, comme des détails minutieux de l'Instruction judiciaire, il s'ensuit que la profession d'hommes du barreau exige plus d'étude et d'érudition, et rend les procès tellement dispendieux, que le pauvre ne saurait obtenir justice, dans son impuissance de fournir de fortes avances. Cette espèce de déni de justice permanent pour une classe intéressante de la société, le scandale des fortunes rapides que font les Avocats et Avoués, comparables à ce qui se passe en Angleterre, où le principe de la souveraineté du peuple a ainsi amené la ruine du pauvre souverain, sont donc un des résultats de l'exercice du Pouvoir Législatif, remis en de nombreuses mains qui s'embarrassent et se croisent ensemble. Ainsi, à côté de l'hérésie religieuse, s'est assise, comme compagne fidèle et complice, l'hérésie politique de la souveraineté populaire. La première a suscité localement des guerres déplorables ; la seconde a préparé des troubles sans fin à tout l'univers ; et par le grand nombre de coopérateurs à la Législation intérieure , a mis le bas peuple hors de l'assistance de la justice ' comme s'il était hors la loi (*).

Voyez si dans la Prusse, par cela seul que le Monarque l'avait voulu , les affaires n'ont pas été plus expéditivement et moins dispendieusement terminées. Vous convenez que les Empires ne se soutiennent qu'en tant que la justice y règne , et pourtant avec les meilleurs Tribunaux, nous vérifions ici l'absence d'une justice générale et suffisante. Ajoutez le scandale de la cherté des papiers timbrés et des droits d'enregîtrement, pour grossir le trésor du fisc , toujours pour rendre le sanctuaire de la justice moins accessible , et dites-moi si les réclamations de tant d'honnêtes Ecrivains, sur ce point, ont obtenu, par l'en-

---

(*) Il y a long-temps qu'Isaïe a déclaré l'anathême de Dieu contre les Gouvernements injustes envers la classe indigente. « *Væ qui condunt leges iniquas , et scribentes injustitium , scripserunt ut opprimerent in judicio pauperes.* Chap. 10.

tremise des nombreux ouvriers en législation, des réformes dont l'efficacité soit en raison de l'élévation de leur nombre, quoique parmi eux on rencontre tant de vertueux talents, ou d'esprits justes qui s'intéressent au bonheur public, ou des cœurs compatissants pour la classe indigente.

CHAPITRE XII.

De l'unité du Pouvoir Législatif.

On sait que l'univers ne saurait être gouverné que par la suprême unité. Ce mot *univers*, ou université de création, indique techniquement l'inspection unique vers laquelle ce grand ensemble se rapporte, s'y trouvant assujetti. De même les grands peuples, peut-être même les moins nombreux, ont besoin d'être régis monarchiquement, par la même raison que les familles sont plus heureusement ordonnées sous l'autorité tutélaire du chef. D'autre part l'expérience de tous les temps démontre que la minorité gouverne la majorité ; ce qui doit être, ne fût-ce que par la raison qu'il y a plus d'esprit ou de lumières dans les minorités. Cependant, en opposition à cette vérité notoire, le Gouvernement Représentatif et sa Législation se règlent par la majorité numérique des suffrages.

Nous convenons de la justice du principe qui veut qu'un Gouvernement quelconque se règle dans l'intérêt général, plutôt que dans celui de la minorité. Toujours est-il vrai qu'en fait le moindre nombre d'hommes finit par en gouverner la masse, qui, lorsqu'elle se soustrait révolutionnairement à cet assujettissement, n'offre que les débats anarchiques d'insensés qui se dévorent les uns les autres. Eh bien, qu'ont fait les Révolutionnaires du siècle actuel ? ils ont précisément tenté l'impossible, en voulant intervertir l'ordre inévitable des choses, attirés par le prestige trompeur des libertés publiques, et ne voient pas qu'ils se précipitent sous la tyrannie. Le mot *légitimité* d'Autorité, assignée par une Providence supérieure, les révolte, quoiqu'il n'y ait de salut et de paix que là.

Ainsi, j'envisage l'Europe et même l'Amérique, partagées en deux classes d'opinions, l'une qui comprend les avantages de l'unité qu'on rencontre dans le Gouvernement Monarchique tempéré par les lois ; l'autre qui, s'éloignant plus ou moins du principe salutaire de cette unité, adopte l'idée de Souveraineté du peuple, et se contente d'en élu-

(57)

der les grands inconvéniens sous des formes
plus ou moins démocratiques. J'ose augurer
que le dernier de ces partis finira par suc-
comber sous la nécessité de revenir à la
Monarchie.

Il ne me convient nullement ici, où j'ai
entendu envisager la généralité des Monarchies, de critiquer une Charte que des circonstances impérieuses ont pu rendre nécessaire en France, et qui doit être respectée
à cause des intentions paternelles du sage
Prince qui l'a dictée (*). Ceux qui désirent
son amélioration, m'ont paru fondés à récla-
mer l'ancienne liberté du Régime municipal
et les Etats provinciaux ; ce qui se rappro-
cherait du plan qui m'avait souri, en traitant
de la rédaction des Lois dans les Monarchies,
en 1789. Mais, sans m'écarter de la généra-
lisation de mon systême, je puis terminer

____

(*) L'objection raisonnable de ceux qui, connaissant
l'impossibilité actuelle de rétablir une espèce d'ancien
régime, opposent l'embarras qu'il y aurait de substituer
à la Charte rien de meilleur, est facile à résoudre. Il
suffit de dire que ma proposition de réduction, ou mo-
dification, est tellement simple, avec l'établissement
d'Etats provinciaux au-dessous de la Représentation générale, que l'ordre de choses que la Charte a établi, reste-
rait à-peu-près le même.

ce faible écrit, en jetant un coup-d'œil sur la récente et terrible catastrophe de la révolution d'Espagne. Là je vois les hautes Puissances du continent Européen, alliées, aux prises avec les Partisans effrénés de la Souveraineté populaire. Déjà, par la plus noble entreprise de guerre, dont l'histoire puisse faire mention, une glorieuse armée de Français, guidés par un digne Rejetton d'Henri IV, a pu rendre le Monarque des Espagnes libre de donner à ses sujets une Constitution convenable. Je ne saurais suggérer, ainsi que d'autres ont fait, une Charte calquée sur celle de France. Il me semblerait plus Monarchique de proposer une Représentation Nationale, réduite au seul vote de l'impôt, dans le sens que j'ai développé, en commençant par établir le Régime municipal, ci-dessus indiqué, et les Etats provinciaux, si propres à éclairer le Trône, d'où émaneront, avec la connivence de la Représentation générale, les justes réclamations pour la plus grande prospérité de cette Nation, qui, en tant d'époques, à mérité la haute estime et l'admiration de l'Europe.

F I N.